Jeg siger dig ikke tak

Anna Naomy

Jeg siger dig ikke tak

Jeg siger dig ikke tak
et dokument /Anna Naomy

© Merete Bandak 2023

Sat med skriften Bahnschrift

Forlag: BoD – Books on Demand, Hellerup, Danmark

Tryk: BoD – Books on Demand, Norderstedt, Tyskland

ISBN 978-87-4305-385-9

Forord

For nogen tid siden stak en veninde mig denne tekst.
Hun kaldte det med et underligt sigende blik et
dokument. Ja, selvfølgelig er det et dokument. Hvorfor
understregede hun det?
Hvordan skal jeg forstå ordet dokument? måtte jeg
spørge hende.
Jeg mener bare det jeg siger, svarede hun. Jeg læste
teksten og fik et slag i mellemgulvet.
Nu har jeg haft det i hænde et par år og faldt over det
under en oprydning. Læste det og blev igen rystet. Det
brændte i hænderne på mig. Jeg måtte genoverveje mit
forhold til hende. Havde jeg svigtet hende de sidste år?
Hun havde overdraget mig sin tekst, sit dokument, og
jeg havde tilladt mig selv bare at blive ramt og rystet.
Hvad med hende selv? Hendes situation? Hun var på en
måde min veninde. Jeg havde absolut ikke været der for
hende. Kunne jeg ringe hende op nu? Det gjorde jeg.

Jeg ringede og spurgte hvordan det gik. Hun svarede
undvigende men afbrød ikke samtalen. Så spurgte jeg
om jeg måtte digte en salme til hendes dokument. Det
svarede hun tøvende ja til. Den er nu sat ind i
dokumentet.
For nylig spurgte jeg: Må jeg også udgive det? Jeg synes
der er flere der skal have lov at læse det.
Det tyggede hun længe på. Så fik jeg grønt lys. Nu er jeg
et andet sted, sagde hun, og jeg har skiftet navn. Hun
oplyste mig om sit nye navn. Anna Naomy.

Jeg har valgt at oplyse denne baggrund for udgivelsen.
Jeg finder det vigtigt at offentliggøre personlige
historier med stor rækkevidde. Hvis stof af lignende
karakter i fremtiden skulle blive mig betroet, vil jeg ikke
tøve med at publicere. Jeg er sikker på at nogle vil
opleve sig set gennem læsningen. Kan teksten bidrage
til refleksion og bevidstgørelse, vil jeg synes at målet er
opnået.
Jeg anerkender Anna Naomys liv og udgiver hermed
hendes dokument for hende.

I respekt for mentalt maltrakterede kvinder.

Nysted, forår 2023

Du ved ikke noget

og det du burde vide noget om
ved du ikke nok om
Du ved ikke noget
om dig selv
og det du burde vide
ved du alligevel ikke
Du burde sadle om
og sætte dig
på en anden og bedre hest
men du aser videre
på dit skamredne
nedslidte øg
mens du svinger
din cowboyhat festligt for skarerne
der klapper ad den
grænsesøgende
grænsesprængende
vildt galopperende
charmerende aldrende yngling

Du vil men kan ikke
fortæller men handler ikke
fantaserer men
skider på realiteterne
til de indhenter dig og
spytter dig i ansigtet
og selv dér
selv dér
galopperer du
hujende omkring på

den fucking
bukkende
rodeotyr
mens du nyder svævet
mellem livet og
afgrunden
og de trimlende
tumlende
sociale tilfælde
der omsider er bukket under
for tilværelsens skånselsløsheder
og deres eget infame
ukontrollerede
misbrug
som du kælent medfølende flæbende
befamler

Misbrug
af egne muligheder
Misbrug af
eget ansvar
Misbrug af
medmennesker
kærester
familie
venner
der af en særegen trang til forpligtelse
stiller sig til rådighed
for
MISBRUG
Rider på
spiralen der spiraler sig

stadig nærmere
den bund som fornægtes og fortrænges
i smigrende lovprisende
blomstrende vendinger
indbagt i profetiske udsagn
om Guds vilje og vej og velsignelse

SÅ luk dog denne
pink galde
ud i toilettet
og kloakken
og de fosforiscerende
nitratskummende strande
for her
hos mig
har den ikke længere

NOGEN GANG
PÅ JORDEN

*

Hvem klamrer sig til mit ben
mit ærme
min ryg
min hals
min fod
min konto
mit køleskab

Hvem besætter
min stue
mit køkken
min hverdag
mine drømme

Hvem smigrer sig til
fælles
museumsbesøg
gudstjenester
selskaber

Hvem hacker sig ind i
min familie
omgangskreds
økonomi

Hvem i alverden
tillader sig at være
lænke om min fod
lod om min hals
parasit i mit liv

Hvem det end er
Det varer ikke ved

*

Hold da kæft
hvor har jeg været dum

For let at bedrage
med eftersnakkende smiger
kopierede fraser
dygtige efterligninger med falsk signatur

Uønsket service
letkøbte løsninger
gratis erhvervelser der bliver til
uanvendelige
uønskede gaver
der skal takkes for
selv om de ikke er tak værdige

Bestikkelse
som skal betales med velvilje og hengivenhed

Hvor har det været løgn

Hvor skal det blive løgn

*

For hver krise siger du
Jeg elsker dig mere end nogensinde

Jeg har det modsat
Min kærlighed til dig er nu
på størrelse med en indtørret
ært

                                   *

Afstanden mellem dine ord
og dine gerninger
har med tiden vist sig uoverstigelig

Jeg samler til dig dine glemte
eller måske nærmere efterladte sager
En flaske med to cm shampoo i bunden
En halvt fyldt flaske håndsæbe
fortyndet til vand
Snavsede vaskeklude
Tømmer din papirkurv og affaldsspand
og fjerner de tomme toiletpapirsruller
og støvsuger og fjerner
kalk og skimmelsvamp
og skurer i bund
efter et års fuldstændige neglegt

Sig det med neglekt:
'Jeg elsker at bruge dine ting
til min egen fordel

Jeg ænser i grunden kun mig selv'

Tak og farvel
Endelig har jeg forstået budskabet

Du har på alle måder fyldt
alt for meget
og alt for lidt

Nu hvor du er ude
er der igen
balance

*

At stikke snablen ned i andres styrker
suge til og leve af det
er at være
parasit

At stikke snablen ned i andres svagheder
suge til og leve af det
er ligeledes
at være
parasit

*

Jeg husker alle dine guldkorn
Der var ikke så mange

*

Selv oplevelserne i sengen
blev trivielle
plagiater

*

Tag hvad dit er
og gå

Jeg behøver ikke dine ting og dit selskab
Kommer ikke til at savne
eller fortryde

Du er

U
D
E

af mit liv

Nu er der plads til andre
og til mig

*

Der ligger et atlanterhav
imellem os
Jeg så Titanic forlise

*

At leve af andre
At ride
på skødet af andre
på ryggen af andre
på andre for enhver pris og på enhver tænkelig måde
med generøse tilbud om
nemme gaver
og forslugen smilende indkassering af
beundring og tak
jeg har set det

*

En vandring i regnbuen
på toppen af Aros
fra varme strålende farver
gennem brun og grå
til isblå kulde

*

Et raster er lagt over vores forhold
Nu træder et billede frem
i grel modsætning
til dit søde smil

De beskyldninger du slyngede ud
og som jeg blot parkerede
danner
når man samler dem alle
et tydeligt billede
jeg ikke bryder mig om

*

At ligne Jesus
det snakker du om som et ideal
er ikke ensbetydende med
at være dum
naiv

Jeg hengiver mig ikke
til din hensynsløshed
med fromt fortegn

Du betragter dig selv
som ridderen på den hvide hest
eller

du iscenesætter dig selv
som ridderen på den hvide hest
for måske står der en prinsesse
der år ud og år ind har ventet
på dette syn
på denne mand
på denne hest

Jeg satte mig op på hesten
bag ved dig
men hesten var halt

Du lod som ingenting
besmykkede dens gangart
som fuldendt trav
mens jeg så tydeligt sad og bumpede
på det halte øg

Det er kun legitimt
at omtale det der ikke er
som om det var
hvis man har power og mod
til at skabe mirakler

Din facon er
fuldendt
fermenteret
fantasteri

*

Jeg har sagt til dig
at du er som du skal være

Men som du er
kan du ikke være min

Hvad jeg mente
var nok snarere
Du er som du er
og som du er
kan jeg ikke holde dig ud

*

Gå
Ryg
Rejs
gør hvad du vil
Jeg blander mig ikke
og hindrer dig ikke i noget

Dit liv er ikke
mit liv

Dit liv har hele tiden kun været
dit
dit
dit

*

Besat af dig
som et land invaderet af folk
med fremmed kultur
løbet over ende
snøret og snydt
taget på sengen
før fanden får sko på

*

Det er det forslugne
det umådeholdne
det respektløse
det vedholdende barnlige
det ansvarsløse
koblet med forestillingen om
guddommelig ledelse
der trækker tæppet væk
under luftkastellet

*

Græd ikke over mig
Græd over dig selv
og dine forspildte chancer

Du siger det er synd for mig
at jeg mister dig
Jeg tænker mit

Mit største problem lige nu er
hvordan jeg igen skal komme til
at se på dig
med milde øjne

*

Tilgiv
Tilgiv
Tilgiv
Ja tilgiv for Guds skyld
siger jeg til mig selv

Tilgivelse betyder ikke
at kunne rumme den
der har overtrådt dine grænser
at identificere sig med den anden
tage hans sko på og se verden med hans blik
gøre som han for at forstå
Det ville være umenneskeligt
Endnu en krænkelse

Tilgivelse
at sige
du er som du er
stå selv til regnskab for dit liv
nu stempler du ud af mit

Gå med fred

*

Hjælp mig med at trække på skuldrene
ad det og ad dig

finde humoren igen
se det komiske i
al den patos

sige som Prædikeren
i sin visdom
En tid til at elske
En tid til at hade
En tid til at rive itu
En tid til at samle

Og som en god ven
i sin visdom
'Sådan er dét'

*

Jeg vil ikke henfalde til ironi
Jeg vil ikke sige dig tak

*

Jesus sagde
Tilgiv dem
for de ved ikke hvad de gør

Jeg siger
Nådige Gud
tilgiv ham
for han ved forhåbentlig ikke
hvad han gør eller
har gjort

Hvis han ved det
så vær alligevel så rundhåndet
at du tilgiver

Er tilgivelse ikke
at tilgive det
utilgivelige

Så tilgiv

Og når du nu er i gang med det
så tilgiv også mig
som er så vred
som endnu ikke finder vilje til
at tilgive

Ja
vær venligst
så rundhåndet

Tilgiv også mig

*

Jeg takker dig ikke for
mærkerne i gulvet
hullet du brændte i havebordet
traileren du brugte som losseplads
og lod stå til jeg tømte den
på genbrugspladsen
Du ved sikkert godt at
alt lå hulter til bulter
og at det ville tage en krig
en løben hid og did til
de forskellige containere
at tømme den for
ledninger
skruer og rustne søm
afsavede elementer fra en jolle
gennemblødt pap
elektronik
flamingo
diverse plastikemner
for blot at nævne lidt

For det takker jeg dig ikke
Alt andet havde været ironi

                                        *

Et slør trækkes til side
et mundbind pilles af
et ansigt træder frem

Og ansigtet viser sig
at være tilsløret
Sløret trækkes til side
mundbindet pilles af
og et ansigt træder frem

Og ansigtet viser sig
at være tilsløret
Sløret trækkes til side
mundbindet pilles af
og et ansigt træder frem

Og ansigtet viser sig
at være tilsløret
også dette
også dette
også dette
også dette

                                        *

Jeg tager ikke mobilen
læser ikke beskederne
med dig som afsender

Hvem er du

Ansigtet bag ansigtet bag ansigtet

*

En sky der blæser over himlen
svæver bort
og lader solen skinne klart
sådan en sky er du
i dag
i mit liv

*

Som en høne der begejstret
forkynder
Jeg har lagt et æg!
forkynder jeg hermed
Jeg er kyllingen i ægget!
Rug mig ud!

*

Med alt det der er sket
Er jeg den samme som før?

Når du nu henvender dig
og jeg negligerer dig
er jeg blevet ufølsom
nasty
mean
tarvelig
modbydelig
arrogant
hævntørstig
alt det jeg afskyr
hos andre?
Eller beskytter jeg mig
mod dig
sådan som jeg efterhånden har set dig?

Er du dig eller en anden?
Dig eller dig eller dig?
Er du den
der sødt servicerer
griller fisk
serverer
kaffe og kage
eller den
der aldrig gør rent
tager hensyn
drager omsorg for

huset, det materielle
men kun forbruger
bruger huset som et motel
kun gør hvad du har lyst til?

Når du nu henvender dig med
varme ord
guddommelige ord
siger 'elsker dig'
og lignende
skal jeg så afvise dig?

Dig vil jeg ikke afvise
men dig og dig og dig
som følger med

*

Da jeg ikke kan finde dit sande ansigt
Da jeg har oplevet så meget
ubehageligt
og uigennemskueligt
må du, du, du, du finde dig, dig, dig, dig i min afvisning

*

Nu spørger du ydmygt
om jeg kan tilgive
Ja
Nu du spørger

Det kan jeg godt
Du er tilgivet

Havde du stadig boet her
havde sagen vist stillet sig
noget anderledes

Nu hvor du er rejst
Jeg tilgiver dig alt

*

Jeg betvivler dine profetiske evner
og indholdet af dine profetier
De modsiger al sund fornuft, mine erfaringer og sig selv
Desuden har jeg ikke modtaget åbenbaringer
der peger i samme retning
som dine visioner for et
parløb med os to
som kronede deltagere

*

Det handler ikke om penge
men om meget meget mere
om respekt
inklusive selvrespekt
og om hensyn

*

Du gjorde alt for meget
og alt for lidt
forstår du det
slet ikke?

Du sagde alt for meget
og alt for lidt
interesserer jeg dig
slet ikke?

*

Jeg har nu indset
at jeg aldrig kommer til at forstå
dig, dig, dig, dig
kende
dig, dig, dig, dig
og erkender også
at jeg er ved at brække halsen
og eksplodere

af overbelastning
i forsøget på det

Derfor
Farvel

*

Efter dette farvel
vil jeg nu omtale ham i 3. person
Han var på alle måder
for meget
for lidt
forkert

måske for viderekomne
men jeg ved ikke

*

Jeg åbner ikke
hans sms'er
beskeder
emails
meddelelser
og besvarer ikke
hans telefonopkald

Jeg ville gå endnu mere
i stykker hvis

*

Går på restaurant med mig selv
nyder lyden af stemmer
ved de andre borde
og aktiviteten i køkkenet
en velsignet velklang
mens jeg ser på det perlende
hvidvinsglas der spejler
stearinlysets flamme
en mild ventetid
Snart kommer
forretten

*

Jeg må omgive mig med smukke ting
skønhed i enhver form
for at udradere
hans aftryk

*

Han kom
så
og tabte

*

Hvad er kultur
At drage omsorg for
sit liv
sortere affaldet
gøre ordentlig rent
smide den tomme toiletpapirsrulle ud
slukke lyset når man forlader et rum
undlade at træde på dørtrinnet
åbne og lukke døren med nænsomhed
gøre sig umage
vise trofasthed mod
familie og venner
samle op på erfaringer
og bruge dem
lære af historien
af litteraturen
af sine venner
være til at regne med
skrotte gustne overlæg
tone rent flag
bruge timer i køkkenet med forberedelse
dække bordet smukt
vise tålmodighed

og omhu
sidde pænt ved bordet
på den måde bidrage til skønheden
udtrykke sig så klart som muligt
lytte før man taler
tænke på sine tilhørere
om muligt bidrage med noget vigtigt
skrive 'med venlig hilsen'
og mene det
for slet ikke at nævne musikken

Alt det har jeg opgivet
at formidle til ham

*

Han levede ganske enkelt
ikke op til
min tillid

*

Exit
han går ud

Exit mea vita
Han går ud af mit liv

Exiit mea vita
Han er gået ud af mit liv

for good
for good
for good

*

At sige stop og se at noget ender
At slippe det der ikke mere er
At give tabt og stå med tomme hænder
Et bristet kar, et potteskår af ler

At stå med smerten ved at volde smerte
At bære jernbyrd for at sættes fri
At se et ramt og rystet elskerhjerte
Forstenet over det som er forbi

At sige 'Gå!' til den der helst vil blive
Et nej for ikke selv at gå itu
At sørge for at man er selv i live
Er det det rette, what would Jesus do?

Da Jesus sagde 'Gå!' opstod mirakler
Det ord fik så at sige ben at gå på
Det vakte liv i sygdomsramte stakler
Og det gav vaklende en sten at stå på

Nu ber jeg om at du må finde vejen
At Gud må gi dig glæde, liv og fred
Jeg vinker når du stævner ud fra kajen
Og ved at størst af alt er kærlighed

*

Epilog

Jeg savner ham ikke
Han plager mig
selv i sit fravær

Jeg frastødes af alt
der minder om ham

Hvornår stopper
denne hjemsøgelse

*

Før var jeg stærk
Nu er jeg rystet
et græsstrå
i efterårsstorm

*

At ligge i grønne enge
omgivet af græssende dyr
under sejlende skyer
uden tid
lade nat følge dag
dag
nat

lade duggen
falde
i hår, på hud, i spindelvæv
se dråber
dannes
og
d
r
y
p
p
e
se
ørnen på kraftige vinger
med få vingeslag
glide forbi mit opadvendte blik
høre
regnen komme
som en susen i græsset
ved mit øre
mærke
kulden
før regnen
lade regnen vaske
mine øjne
kinder
tanker
sind
ører

mund
druknende
rene
lutrende nyfødte
frie
som de måger
der skrigende
styrter omkring
leger
på vinden
bæres

Det længes jeg efter

*

Spil den mest øresønderrivende violin
gerne en komposition af Korngold
Bartok, Berg, Britten
ja af hvem som helst
bare den flænser og flår
Mozart og Haydn kan ikke
overdøve
den hvinende vedvarende
hyletone
der hænger i mit skrog

*

Uforbundet
med ham
var og forblev jeg
hvordan man end
vender og drejer det
ene
alene

*

Var jeg i grunden
ubarmhjertig
var han i virkeligheden
en flink fyr
var jeg for
nøjeregnende
skulle jeg bare
have været mere rummelig
have elsket mere
opgivet mit eget
lyttet mere
fundet mig i mere
opgivet mig selv
ofret mig selv
hengivet mig til
tilintetgørelsen

*

Kritikken skal altid
rettes mod magthaverne
magten korrumperer
er det mig
var det mig
var jeg den stærke
som misbrugte sin magt
eller var det ham

*

Hans trumf var
at han ikke var en
men flere
det er unfair
at være to mod en
og endnu mere unfair
at være mange mod en

*

Lad det nu ligge
Kom nu videre
Er det ikke slut
Hvorfor blive ved
at endevende det

Hvad leder jeg efter
Er det hvidvask
Søger jeg et alibi
eller en grund til at
annullere bruddet
kalde ham tilbage
undskylde igen at jeg ikke
elsker eller kan elske
ham
at jeg vil elske ham selv om
jeg ikke kan
at jeg nok skal forsøge at gøre
alt hvad jeg kan
for at fitte ind
i hans drømme
at han selvfølgelig har ret i
sine profetier
at han er profet
at Gud er kærlighed
og nok skal give os
al den kærlighed vi har brug for

*

Det er som det er
Profetiernes tid er forbi
Det er som det er
Det var som det var
Han er som han er
Jeg er som jeg er
Det er som det er

*